CONTEÚDO DIGITAL PARA ALUNOS

Cadastre-se e transforme seus estudos em uma experiência única de aprendizado.

1 Entre na página de cadastro: **https://sistemas.editoradobrasil.com.br/cadastro**

2 Além dos seus dados pessoais e dos dados de sua escola, adicione ao cadastro o código do aluno, que garantirá a exclusividade do seu ingresso à plataforma.

2362873A4825272

3 Depois, acesse: **https://leb.editoradobrasil.com.br/** e navegue pelos conteúdos digitais de sua coleção. **:D**

Lembre-se de que esse código, pessoal e intransferível, é válido por um ano. Guarde-o com cuidado, pois é a única maneira de você acessar os conteúdos da plataforma.

CB037157

Editora do Brasil

BRINCANDO COM MEU PRIMEIRO LIVRO

Educação Infantil

Jaime Teles da Silva

Graduado em Pedagogia
Bacharel e licenciado em Educação Física
Especializado em Educação Física Escolar
Professor na rede municipal

Letícia García

Formada em Pedagogia
Professora de Educação Infantil

Vanessa Mendes Carrera

Mestra em Educação
Pós-graduada em Alfabetização e Letramento
Graduada em Pedagogia
Professora de Educação Infantil e do 1º ano do Ensino Fundamental

Viviane Osso L. da Silva

Pós-graduada em Neurociência Aplicada à Educação
Pós-graduada em Educação Inclusiva
Graduada em Pedagogia
Professora de Educação Infantil e do 1º ano do Ensino Fundamental

Editora do Brasil

Dados Internacionais de Catalogação na Publicação (CIP)
(Câmara Brasileira do Livro, SP, Brasil)

Brincando com meu primeiro livro:
educação infantil / Jaime Teles da Silva...[et al.].
– São Paulo: Editora do Brasil, 2019.

Demais autores: Letícia García, Vanessa
Mendes Carrera, Viviane Osso L. da Silva.
ISBN 978-85-10-07731-6 (aluno)
ISBN 978-85-10-07732-3 (professor)

1. Educação infantil I. Silva, Jaime Teles da. II.
García, Letícia. III. Carrera, Vanessa Mendes. IV.
Silva, Viviane Osso L. da.

19-27861   CDD-372.21

Índices para catálogo sistemático:
1. Educação infantil 372.21
Maria Paula C. Riyuzo - Bibliotecária - CRB-8/7639

Direção-geral: Vicente Tortamano Avanso

Direção editorial: Felipe Ramos Poletti
Gerência editorial: Erika Caldin
Supervisão de arte e editoração: Cida Alves
Supervisão de revisão: Dora Helena Feres
Supervisão de iconografia: Léo Burgos
Supervisão de digital: Ethel Shuña Queiroz
Supervisão de controle de processos editoriais: Roseli Said
Supervisão de direitos autorais: Marilisa Bertolone Mendes

Supervisão editorial: Carla Felix Lopes
Coordenação pedagógica: Vanessa Mendes Carrera
Edição: Jamila Nascimento
Assistência editorial: Beatriz Pineiro Villanueva
Auxílio editorial: Marcos Vasconcelos
Copidesque: Gisélia Costa, Ricardo Liberal e Sylmara Beletti
Revisão: Andréia Andrade, Flávia Gonçalves, Marina Moura
e Rosane Andreani
Pesquisa iconográfica: Isabela Meneses
Assistência de arte: Daniel Campos Souza
Design gráfico: Megalo Design
Capa: Megalo Design
Imagem de capa: Dayane Raven
Ilustrações: Adolar, Agueda Horn, Brambilla, Clarissa França,
Cláudia Marianno, Desenhorama, Eduardo Belmiro, Henrique Brum,
Lilian Gonzaga e Marcos Machado
Coordenação de editoração eletrônica: Abdonildo José
de Lima Santos
Editoração eletrônica: NPublic/Formato Comunicação
Licenciamentos de textos e produção fonográfica: Cinthya Utiyama,
Jennifer Xavier, Paula Harue Tozaki e Renata Garbellini
Controle de processos editoriais: Bruna Alves, Carlos Nunes
e Stephanie Paparella

1ª edição / 7ª impressão, 2024
Impresso na PifferPrint

Editora
do Brasil

Avenida das Nações Unidas, 12901
Torre Oeste, 20º andar
São Paulo, SP – CEP: 04578-910
Fone: +55 11 3226-0211
www.editoradobrasil.com.br

abdr
ASSOCIAÇÃO
BRASILEIRA
DOS DIREITOS
REPROGRÁFICOS
Respeite o direito autoral

APRESENTAÇÃO

QUERIDA CRIANÇA,

VAMOS BRINCAR DE APRENDER? AFINAL, QUEM BRINCA APRENDE!

NESTE LIVRO, VOCÊ VAI CONHECER HISTÓRIAS, APRENDER BRINCADEIRAS, RECITAR CANTIGAS E PARLENDAS, BRINCAR DE ADIVINHAR, PINTAR, DESENHAR, REFLETIR SOBRE SITUAÇÕES DO DIA A DIA E COMPARTILHAR EXPERIÊNCIAS COM OS COLEGAS.

VOCÊ TAMBÉM VAI CRIAR E RECRIAR ARTE DO SEU JEITINHO, EXPLORANDO DIVERSOS MATERIAIS E DESCOBRINDO FORMAS CRIATIVAS DE UTILIZÁ-LOS.

FICOU ANIMADA?

ENTÃO, EMBARQUE NESTA DIVERTIDA APRENDIZAGEM E BOA BRINCADEIRA!

OS AUTORES

SUMÁRIO

MOLHE O DEDO NA TINTA GUACHE E TRACE O CAMINHO DA ARARA ATÉ O NINHO.

A ARARA DE ARARAQUARA
IARA AGARRA
A RARA ARARA
DE ARARAQUARA.

TRAVA-LÍNGUA.

O QUE HAVIA NO NINHO DA ARARA? CUBRA OS TRACEJADOS PARA DESCOBRIR. USE GIZ DE CERA NAS CORES INDICADAS, DE ACORDO COM O TAMANHO:

AZUL PARA O PEQUENO   **LARANJA** PARA O MÉDIO   **VERMELHO** PARA O GRANDE

O QUE É, O QUE É?
QUAL É A COISA,
QUAL É ELA:
CAI NO CHÃO
E FICA AMARELA.

ADIVINHA.

xpixel/Shutterstock.com

HÁ OUTROS ANIMAIS QUE NASCEM DE OVOS.
DESTAQUE AS FIGURAS DA FICHA 93 E COLE UM FILHOTINHO DENTRO DE CADA OVO.

O PINTINHO CRESCEU E VIROU UMA GALINHA.
MOLHE O DEDO NA TINTA E CUBRA O TRACEJADO PARA DESCOBRIR ONDE FOI PARAR A PENA DA GALINHA.

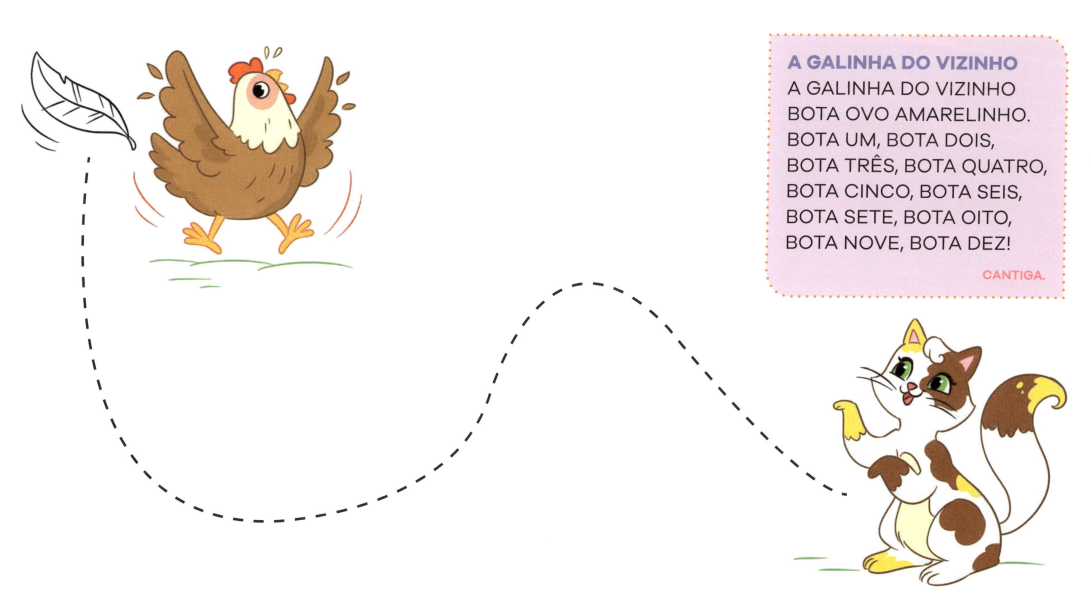

A GALINHA DO VIZINHO

A GALINHA DO VIZINHO
BOTA OVO AMARELINHO.
BOTA UM, BOTA DOIS,
BOTA TRÊS, BOTA QUATRO,
BOTA CINCO, BOTA SEIS,
BOTA SETE, BOTA OITO,
BOTA NOVE, BOTA DEZ!

CANTIGA.

NEM TODOS OS ANIMAIS TÊM PENAS, ALGUNS TÊM PELOS.
COLE PAPEL-CAMURÇA PARA IMITAR O PELO DA GATINHA.

GATO PINTADO
GATO PINTADO,
QUEM FOI QUE TE PINTOU?
FOI O PEDRINHO
QUE POR AQUI PASSOU.
QUE COR?

CANTIGA.

PARA O PELO DA GATA FICAR BONITO E FOFINHO, VAMOS DAR UM BANHO NELA?
DESTAQUE DA FICHA 97 OS OBJETOS USADOS PARA DAR BANHO EM UM GATINHO E COLE-OS AQUI.

ENCONTRE E PINTE COM GIZ DE CERA OS TRÊS GATINHOS ESCONDIDOS.

GATO ESCONDIDO
COM RABO DE FORA
TÁ MAIS ESCONDIDO
QUE RABO ESCONDIDO
COM GATO DE FORA.

TRAVA-LÍNGUA.

OS GATINHOS SÃO TRAVESSOS E SUBIRAM NA CORTINA!
CUBRA AS MARCAS DOS ARRANHÕES COM CANETINHA HIDROCOR.

O QUE É, O QUE É?
QUE ANIMAL TEM BOM OLFATO,
CAÇA DENTRO DE CASA,
GOSTA DOS CANTINHOS
E LAMBE SE ACHA UM PRATO.

ADIVINHA.

O QUE OS GATINHOS MAIS GOSTAM DE COMER?
PINTE O CAMINHO ATÉ O ALIMENTO PREFERIDO DELES.

MEU GATINHO
O MEU GATINHO
QUANDO ACORDOU
ACHOU O MEU LEITINHO
E TOMOU, TOMOU.
TOMOU TUDINHO,
NADA DEIXOU.
MAMÃE FICOU ZANGADA E
ESBRAVEJOU!

CANTIGA.

OS GATOS GOSTAM DE LEITE E OS RATOS GOSTAM DE QUEIJO.
MOLHE UM ALGODÃO NA TINTA GUACHE **AMARELA** E PINTE O QUEIJO.

O RATO ROMUALDO
RÓI O REI, RÓI A RAINHA,
RÓI A ROUPA DO ROMEU,
RÓI AS RENDAS DA ROSINHA.

ROSINHA. **ABC DO TRAVA-LÍNGUA**. SÃO
PAULO: EDITORA DO BRASIL, 2014. P. 21.

O RATINHO FOI DESCUIDADO E DEIXOU TODO O QUEIJO CAIR NO RIO.
AMASSE PEDACINHOS DE PAPEL **AMARELO** E COLE-OS NO RIO.

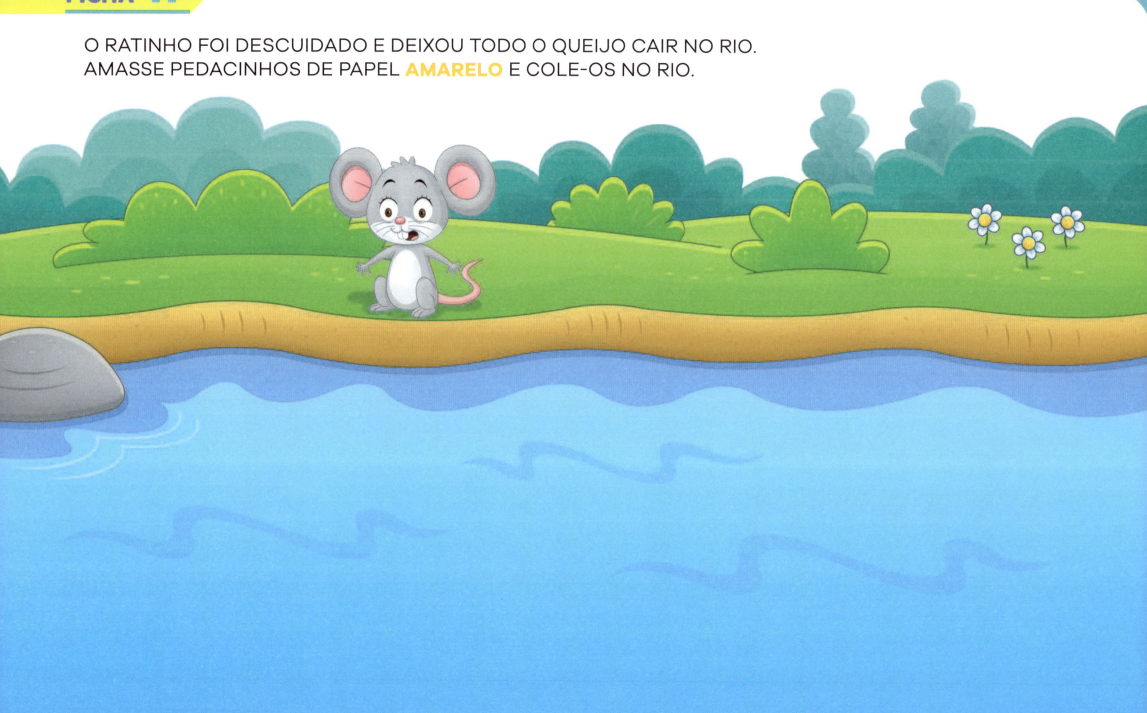

HÁ MUITOS ANIMAIS QUE MORAM NO RIO.

MOLHE O DEDO POLEGAR NA TINTA E CARIMBE-O SOBRE O PEIXINHO PARA PINTÁ-LO. DEPOIS, TRACE UM CAMINHO PARA LEVÁ-LO ATÉ OS AMIGOS, DESVIANDO DOS JACARÉS.

JACARÉ

O JACARÉ FOI PASSEAR LÁ NA LAGOA
O JACARÉ FOI PASSEAR LÁ NA LAGOA
FOI POR AQUI, FOI POR ALI,
FOI POR AQUI, FOI POR ALI,
AÍ ELE PAROU, OLHOU,
VIU UM PEIXINHO,
ABRIU A BOQUINHA E NHAC!
NÃO PEGOU O PEIXINHO.

CANTIGA.

ALGUMAS PESSOAS JOGARAM LIXO NO RIO E, AGORA, O JACARÉ NÃO CONSEGUE PASSAR. AJUDE-O A ENCONTRAR O CAMINHO LIMPO E, COM GIZ DE LOUSA MOLHADO, TRACE O CAMINHO QUE ELE FARÁ.

JACARÉ NA LAGOA
JACARÉ ESTÁ NA LAGOA
COM PREGUIÇA DE NADAR.
DEIXA ESTAR, SEU JACARÉ,
QUE A LAGOA HÁ DE SECAR!

CANTIGA.

A SERPENTE TAMBÉM SAIU DO RIO PORQUE ELE ESTÁ POLUÍDO.
MOLHE O PINCEL NA TINTA E ACOMPANHE O CAMINHO QUE ELA FEZ.

HISTÓRIA DA SERPENTE

ESTA É A HISTÓRIA DA SERPENTE
QUE DESCEU DO MORRO
PARA PROCURAR UM PEDAÇO DO SEU RABO
VOCÊ TAMBÉM
VOCÊ TAMBÉM
FAZ PARTE DESSE RABÃO ÃO ÃO

CANTIGA.

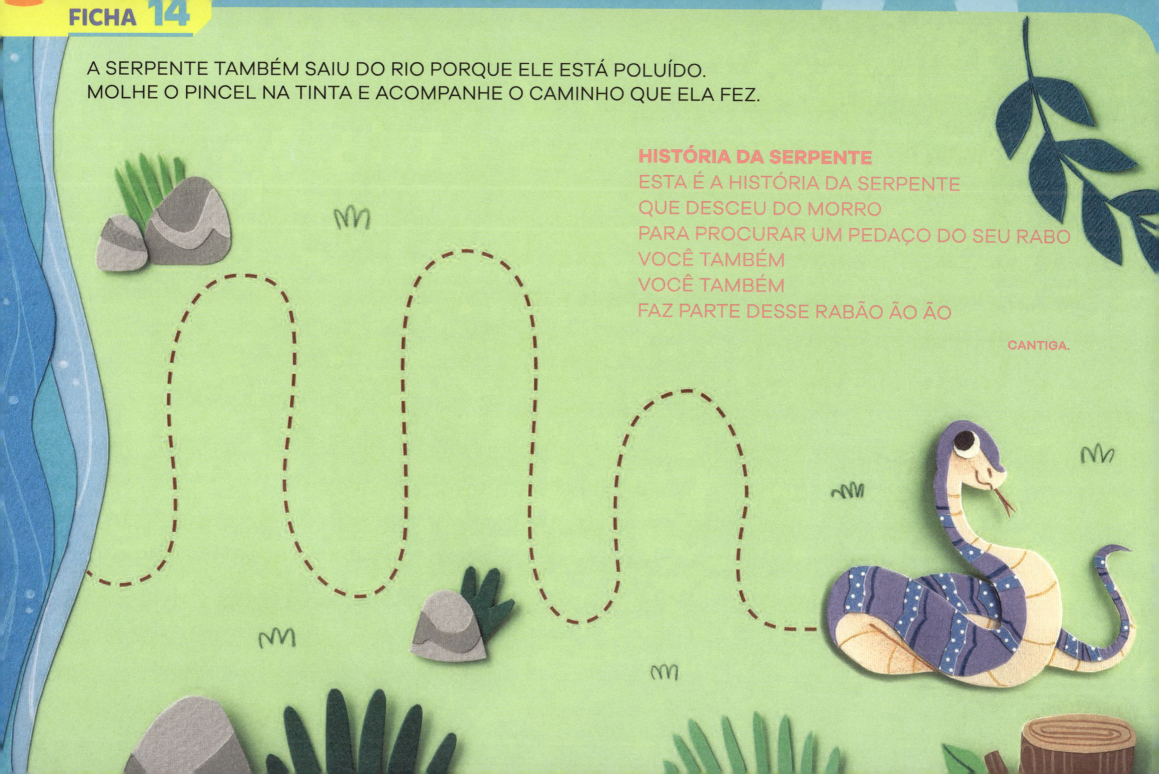

A COBRA SUBIU NA ÁRVORE. COMO SERÁ QUE ELA CONSEGUIU?

AMASSE PEDACINHOS DE PAPEL **VERDE** E COLE-OS NA COPA DA ÁRVORE COMO SE FOSSEM LIMÕES.

A COBRA

A COBRA NÃO TEM PÉ.
A COBRA NÃO TEM MÃO.
COMO É QUE A COBRA SOBE
NO PEZINHO DE LIMÃO?
A COBRA VAI SUBINDO, VAI, VAI, VAI
VAI SE ENROLANDO VAI, VAI, VAI...

CANTIGA.

A COBRA SE ENROLOU EM UM GALHO PARA DESCANSAR.
COLE UM FIO DE LÃ NA LÍNGUA DELA.

VAMOS FAZER O CAMINHO DA COBRA?

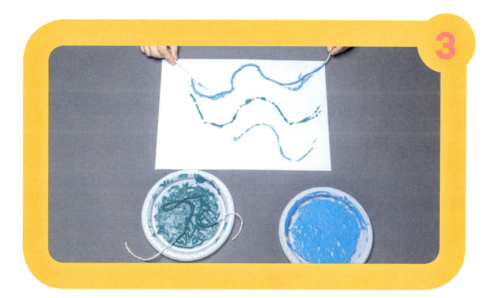

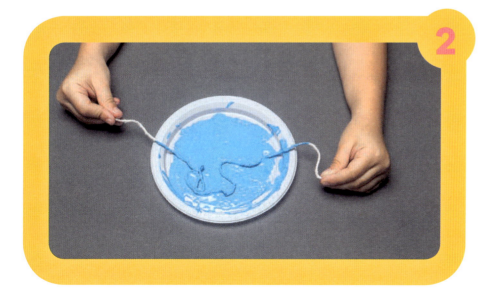

Imagens: Junior Rozzo

CANTE A CANTIGA. QUAIS ANIMAIS APARECEM NA HISTÓRIA? DESTAQUE-OS DA FICHA 98 E COLE-OS AQUI.

LÁ VEM

LÁ VEM O CROCODILO,
O ORANGOTANGO,
AS DUAS SERPENTINHAS,
A ÁGUIA REAL,
O GATO,
O RATO,
O ELEFANTE,
NÃO FALTOU NINGUÉM!
SÓ NÃO SE VÊ
OS DOIS CAPELÊS.

CANTIGA.

VOCÊ CONHECE A CUCA? PINTE-A DE ACORDO COM A DESCRIÇÃO.

ERA UMA VEZ UMA BRUXA MUITO MÁ E ATRAPALHADA, CHAMADA CUCA. MÁ PORQUE PEGAVA CRIANCINHAS DESOBEDIENTES E ATRAPALHADA PORQUE NUNCA TINHA SUCESSO EM SUAS TENTATIVAS.

ELA TINHA A FORMA E O COURO DE UM JACARÉ, PELE VERDE, GARRAS NOS PÉS COMO OS GAVIÕES E UM CABELO COMPRIDO E LOIRO.

A CUCA VIVIA EM UMA CAVERNA ESCURA E SOZINHA, POIS NÃO GOSTAVA DE RECEBER VISITAS.

TEXTO ESPECIALMENTE ESCRITO PARA ESTA OBRA.

OBA! O CIRCO CHEGOU!
PINTE-O BEM COLORIDO.

O CIRCO CHEGOU NA CIDADE
E O POVO CORREU PRA VER.
TODOS ESTÃO CONVIDADOS
TODOS PODEM APARECER.

NYE RIBEIRO. LÁ VEM O CIRCO. SÃO PAULO:
RODA & CIA, 2008. P. 3 E 8.

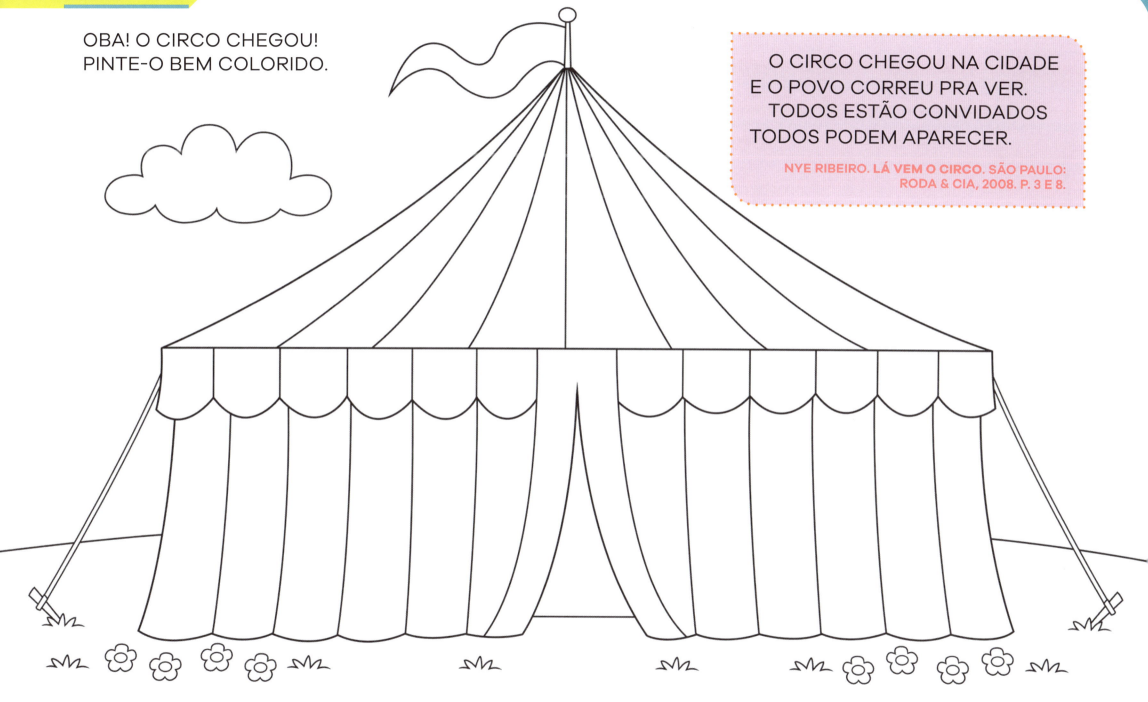

NO CIRCO TRABALHAM MUITOS ARTISTAS EXTRAORDINÁRIOS!
PINTE O EQUILIBRISTA. DEPOIS, DESTAQUE OS PRATOS DA FICHA 94 E COLE-OS NAS VARETAS.

AGORA VEM A EQUILIBRISTA ANDANDO NA CORDA BAMBA.
COLE UM FIO DE BARBANTE NA CORDA.

OLÊ-LÊ, SEU TOMÁS
VAI PRA FRENTE, VAI PRA TRÁS.
OLÊ-LÊ, DONA CHICA
REMEXE A CANJICA.
OLÊ-LÊ, SEU BOTELHO,
MEXE O JOELHO.

CHULA DE PALHAÇO.

AÍ VEM O MALABARISTA!
QUANTAS ARGOLAS ELE ESTÁ USANDO? CUBRA O TRACEJADO COM CANETA HIDROCOR.

COM O QUE ESTA MALABARISTA ESTÁ JOGANDO?
DESTAQUE AS FIGURAS DA FICHA 97 E COLE CADA UMA DENTRO DE UM CÍRCULO.

HOJE TEM ESPETÁCULO?

HOJE TEM ESPETÁCULO?
TEM, SIM, SINHÔ.
É ÀS OITO DA NOITE?
É, SIM, SINHÔ.
HOJE TEM MARMELADA?
TEM, SIM, SINHÔ.
HOJE TEM GOIABADA?
TEM, SIM, SINHÔ.
É DE NOITE? É DE DIA?
É, SIM, SINHÔ.

CHULA DE PALHAÇO.

O PALHAÇO CHEGOU!
DESTAQUE A FIGURA DA FICHA 94 E COLE-A NO ESPAÇO INDICADO.
CIRCULE O PALHAÇO QUE ESTÁ ANDANDO COM A PERNA DE PAU E, DEPOIS, PINTE-OS.

HOJE TEM ARRELIA?
TEM, SIM, SINHÔ.
É DE PERNA DE PAU?
É DE BLAU-BLAU-BLAU.

CHULA DE PALHAÇO.

COMO É LINDA A PINTURA NO ROSTO DO PALHAÇO!
AJUDE-O A TERMINÁ-LA PINTANDO O OUTRO LADO DO ROSTO DELE.

VAMOS COMPLETAR A PERUCA DO PALHAÇO?
COLE ALGODÃO NA PERUCA DELE E PINTE O NARIZ.

O PALHAÇO SANHAÇO
NO CIRCO É UM SÓ CORO,
NO CIRCO É UM SÓ BERRO,
É OURO, É OURO, É OURO,
É FERRO, É FERRO, É FERRO,
É AÇO, É AÇO, É AÇO,
NINGUÉM PODE COM O SANHAÇO.

ELIAS JOSÉ. NAMORINHO DE PORTÃO. 2. ED.
SÃO PAULO: MODERNA, 2002. P. 22.

COMO SÃO ENGRAÇADOS SEUS SAPATOS!
PINTE SOMENTE OS SAPATOS DO PALHAÇO COM RASPAS DE GIZ DE CERA.

CHEGA O CIRCO NA CIDADE
DESFILANDO NA LADEIRA,
NA FRENTE VAI O PALHAÇO
COM SUA LINDA CABELEIRA...

SINVAL MEDINA E RENATA BUENO.
TUBARÃO TOCA TUBA? SÃO PAULO:
EDITORA DO BRASIL, 2012. P. 22.

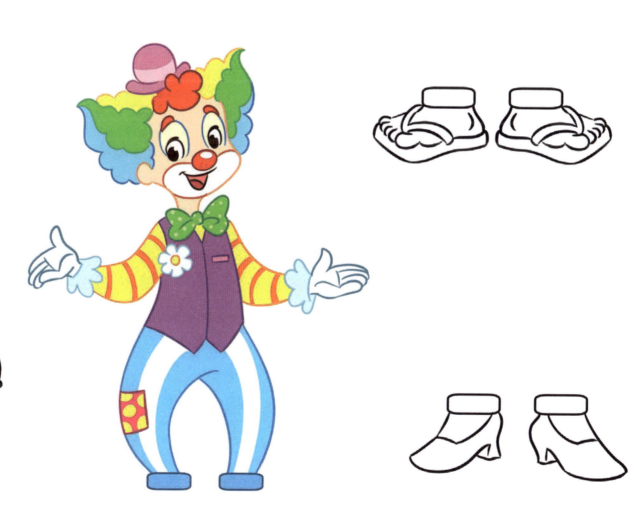

VEJA OS CONTORCIONISTAS!
VOCÊ CONSEGUE IMITAR AS POSES DELES? CIRCULE COM LÁPIS DE COR AQUELE DE QUE MAIS GOSTOU.

HOJE TEM FORROBODÓ?
TEM, SIM, SINHÔ.
É NA CASA DA VÓ?
É NA SUA, É NA SUA.

CHULA DE PALHAÇO.

UAU! VEJA ONDE A CONTORCIONISTA CONSEGUIU SE ENCAIXAR!
COLE UM PEDAÇO DE TECIDO PARA TAPAR A CAIXA.

TIQUE-TAQUE,
CARAMBOLA,
ESTE DENTRO
E ESTE FORA!

PARLENDA.

E AÍ VEM O MÁGICO! MAS ESTÁ FALTANDO ALGUMA COISA...
DESTAQUE A CARTOLA E A VARINHA DA FICHA 93 E COLE-AS NAS MÃOS DO MÁGICO. DEPOIS, PINTE A ROUPA DELE.

ABRACADABRA,
PÉ DE CABRA!
BIM SALABIM,
ZIRINGUINDIM!

PARLENDA.

O MÁGICO FEZ O PALHAÇO, O MALABARISTA, A EQUILIBRISTA E A CONTORCIONISTA DO CIRCO DESAPARECEREM!
ONDE ELES FORAM PARAR? PROCURE-OS E MARQUE-OS COM UM **X**.

ANÚNCIO
É DIA, É DIA, É DIA.
É HORA, É HORA, É HORA.
AVISE A DONA MARIA.
AVISE A DONA DORA.

VAI CHEGAR NA CIDADE
UM CIRCO BEM DOIDÃO.
OS ARTISTAS APLAUDEM A GRAÇA
E O PÚBLICO É ATRAÇÃO.

ELIAS JOSÉ. UM JEITO BOM DE BRINCAR.
SÃO PAULO: FTD, 2002. P. 15.

VEJA LÁ QUEM ESTÁ SALTANDO! É O ACROBATA!
CONTINUE TRAÇANDO OS SALTOS QUE ELE FEZ.

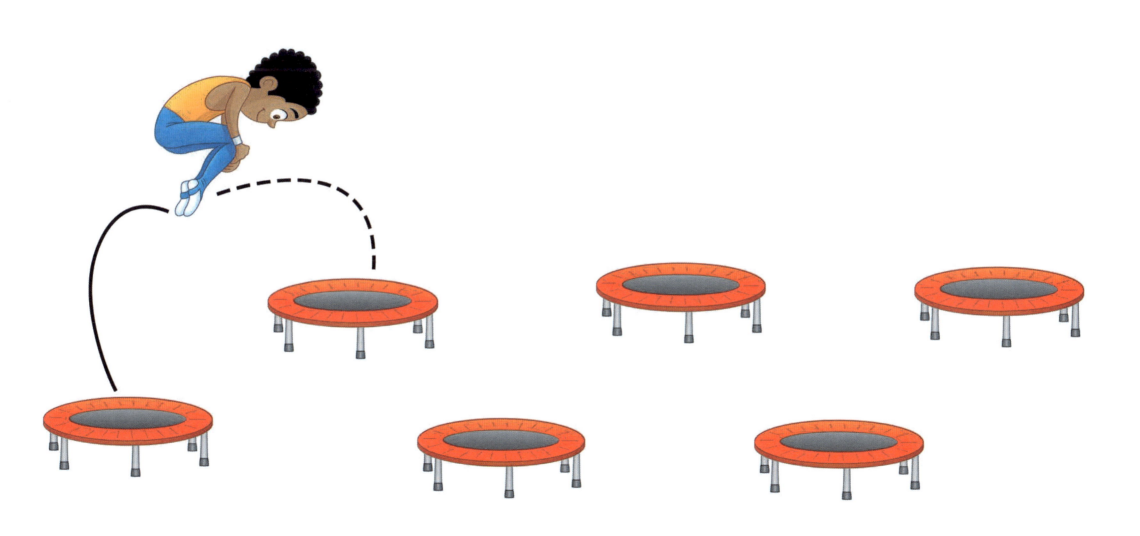

ELES SALTAM E TAMBÉM DÃO CAMBALHOTA!
DESTAQUE OS ACROBATAS DA FICHA 99 E COLE-OS COMO SE ESTIVESSEM PULANDO NA CAMA ELÁSTICA.

PULA DENTRO,
PULA FORA.
ESTICA A CORDA
E VAI EMBORA.

PARLENDA.

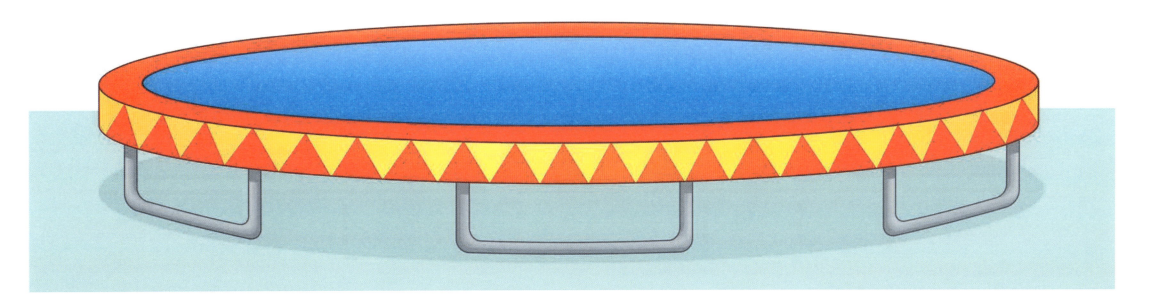

UAU! ELES TAMBÉM FAZEM ACROBACIAS LÁ NO ALTO!
COLE FITAS DE CETIM NO TECIDO DOS ACROBATAS.

NO CIRCO TAMBÉM HÁ DANÇARINOS.
VAMOS FAZER BAILARINAS DE MÃOS DADAS?

VOCÊ CONHECE A HISTÓRIA DO SOLDADINHO DE CHUMBO?
OUÇA-A E DEPOIS DESTAQUE OS PERSONAGENS DA FICHA 94, COLANDO-OS AQUI.

CERTA VEZ, UM MENINO GANHOU DE PRESENTE DE ANIVERSÁRIO UMA CAIXA COM VINTE E CINCO SOLDADINHOS DE CHUMBO. TODOS ERAM IGUAIS, COM EXCEÇÃO DE UM, QUE NÃO TINHA UMA DAS PERNAS. MAS ISSO NÃO DEIXOU O MENINO CHATEADO. ELE BRINCAVA COM O SOLDADINHO DO MESMO JEITO QUE BRINCAVA COM OS OUTROS.

TRECHO RECONTADO ESPECIALMENTE PARA ESTA OBRA.

UM ELEFANTE EQUILIBRISTA? SERÁ POSSÍVEL?
DESENHE AS ORELHAS DO ELEFANTE.

UM ELEFANTE SE EQUILIBRAVA

UM ELEFANTE
SE EQUILIBRAVA
EM UMA TEIA DE ARANHA
E COMO VIA QUE NÃO CAÍA
FOI CHAMAR OUTRO ELEFANTE.

DOIS ELEFANTES
SE EQUILIBRAVAM
EM UMA TEIA DE ARANHA
E COMO VIAM QUE NÃO CAÍAM
FORAM CHAMAR OUTRO ELEFANTE.

TRÊS ELEFANTES
SE EQUILIBRAVAM
EM UMA TEIA DE ARANHA
E COMO VIAM QUE NÃO CAÍAM
FORAM CHAMAR OUTRO ELEFANTE.

LEADER MUSIC. MÚSICAS E
CANÇÕES PARA CRIANÇAS.

VAMOS BRINCAR?
CUBRA O TRACEJADO DAS BOLINHAS DE SABÃO. DEPOIS, PINTE-AS.

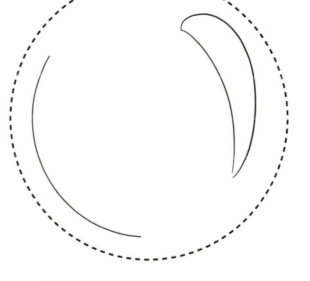

BOLINHA DE SABÃO

CANUDO E CANEQUINHA,
SABÃO, ÁGUA E A BOLINHA
FLUTUA SOLTA NO AR. [...]
BOLINHAS QUE VOAM ALTO,
BOLINHAS QUE SOBEM LEVE,
DESVIAM PRA ESCAPAR,
DANÇANDO SUA VIDA BREVE.

MÉRCIA MARIA LEITÃO E NEIDE DUARTE.
FOLCLORICES DE BRINCAR. SÃO PAULO:
EDITORA DO BRASIL, 2018. P. 13.

VAMOS PINTAR COM BOLINHAS DE SABÃO?
MOLHE UM CANUDO EM UMA SOLUÇÃO COLORIDA E ASSOPRE BOLAS DE SABÃO NA FOLHA.

SERÁ QUE VOCÊ CONSEGUE SEGURAR UMA BOLINHA DE SABÃO?
MOLHE UM GIZ DE LOUSA NA COLA E PINTE A BOLINHA DE SABÃO. DEPOIS, DESENHE OUTRAS BOLAS.

BOLINHA DE SABÃO
BOLINHAS TRANSPARENTES,
ARCO-ÍRIS A BRILHAR,
FOGEM DE MÃOS CURIOSAS
QUE TENTAM NELAS TOCAR.

MÉRCIA MARIA LEITÃO E NEIDE DUARTE.
FOLCLORICES DE BRINCAR. SÃO PAULO: EDITORA
DO BRASIL, 2018. P. 13.

VOCÊ CONHECE A BRINCADEIRA **CORRE, CUTIA**?
COLE UM PEDACINHO DE TECIDO ATRÁS DE UMA DAS CRIANÇAS SENTADAS NA RODA.

CORRE, CUTIA
CORRE, CUTIA
NA CASA DA TIA.
CORRE, CIPÓ
NA CASA DA VÓ.
LENCINHO NA MÃO
CAIU NO CHÃO,
MOÇO BONITO DO MEU CORAÇÃO.

CANTIGA.

VAMOS BRINCAR DE **CABRA-CEGA**?

PINTE DE **VERMELHO** A CRIANÇA QUE ESTÁ MAIS PERTO DO PEGADOR E DE **VERDE** A QUE ESTÁ MAIS LONGE DELE.

> **CRIANÇAS:** CABRA-CEGA, DE ONDE VOCÊ VEM?
> **CABRA-CEGA:** DO PARANÁ.
> **CRIANÇAS:** O QUE VOCÊ TROUXE PARA MIM?
> **CABRA-CEGA:** PÃO DOCE.
> **CRIANÇAS:** DÁ UM POUQUINHO?
> **CABRA-CEGA:** SÓ DEPOIS QUE EU TE PEGAR!
>
> PARLENDA.

VAMOS BRINCAR DE **ARRANCA RABO**?
COLE UMA FITA NA PARTE DE TRÁS DA ROUPA DE CADA CRIANÇA.

QUEM COCHICHA, O RABO ESPICHA.
QUEM RECLAMA, O RABO INFLAMA.
QUEM ESCUTA, O RABO ENCURTA.

PARLENDA.

VOCÊ JÁ BRINCOU DE **ADOLETA**?

DESTAQUE DA FICHA 95 O RABO DE CADA ANIMAL E COLE AQUI. DEPOIS, CIRCULE APENAS OS ANIMAIS QUE APARECEM NA CANTIGA.

ADOLETA

[...]

A-DO-LE-TÁ

PUXA O RABO DO TATU,

QUEM SAIU FOI TU.

PUXA O RABO DA PANTERA,

QUEM SAIU FOI ELA.

TAPA O FURO DO PNEU,

QUEM SAIU FUI EU.

CANTIGA.

VOCÊ JÁ BRINCOU DE **CADA MACACO NO SEU GALHO**?
USANDO COLA COLORIDA, CUBRA O CAMINHO DE CADA CRIANÇA. SERÁ QUE TODAS CONSEGUIRAM SE ABRIGAR?

MEIO-DIA
MACACA SOFIA
PANELA NO FOGO
BARRIGA VAZIA

PARLENDA.

VOCÊ JÁ BRINCOU DE **TIRAR GRAVETOS**?
COLE UM PALITO NA MÃO DA MENINA E CIRCULE QUEM GANHOU
A BRINCADEIRA.

VOCÊ JÁ BRINCOU DE **PETELECO**?
CUBRA O CAMINHO QUE A TAMPINHA FEZ ATÉ O GOL COM CANETA MARCA-TEXTO.

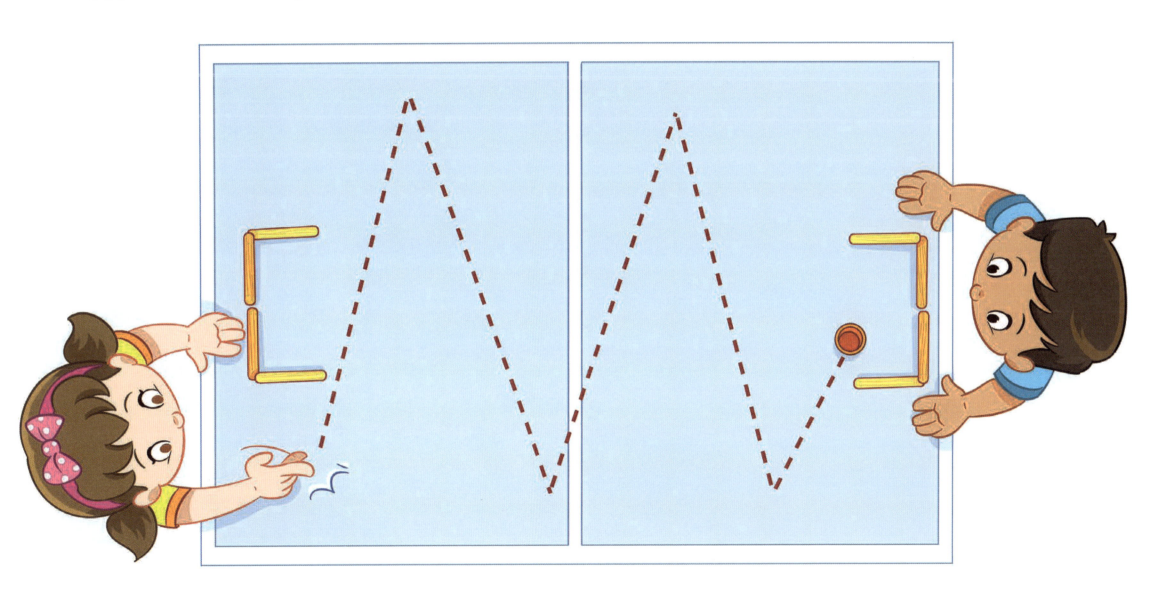

VAMOS BRINCAR DE **DANÇA DAS CADEIRAS**?
DESTAQUE AS FIGURAS DA FICHA 95 E COLE UMA CRIANÇA PARA CADA CADEIRA. SERÁ QUE TODAS VÃO CONSEGUIR SE SENTAR?

MACACO FOI À FEIRA
MACACO FOI À FEIRA
NÃO SABIA O QUE COMPRAR.
COMPROU UMA CADEIRA
PRA MACACA SE SENTAR.
A MACACA SE SENTOU,
A CADEIRA ESBORRACHOU.
COITADA DA MACACA
FOI PARAR NO CORREDOR!

CANTIGA.

VOCÊ JÁ BRINCOU DE **QUENTE OU FRIO**?
ENCONTRE A BOLA ESCONDIDA E PINTE-A DE **AMARELO**. DEPOIS, CIRCULE DE **VERMELHO** A CRIANÇA QUE ESTÁ MAIS PERTO DA BOLA E DE **AZUL** A QUE ESTÁ MAIS LONGE DELA.

VOCÊ CONSEGUE PASSAR POR BAIXO DA CORDA? MAS NÃO PODE ENCOSTAR NELA, HEIN!
COLE UM FIO DE BARBANTE NA CORDA.

VOCÊ JÁ BRINCOU DE **MOSQUINHA NA TEIA**?
CUBRA OS PONTILHADOS COM LÁPIS GRAFITE.

VOCÊ JÁ BRINCOU DE **O QUE ESTÁ DIFERENTE**?
COMPARE AS DUAS IMAGENS E ENCONTRE CINCO DIFERENÇAS ENTRE ELAS.

VAMOS BRINCAR DE **TRILHOS OU PISTA**?
DESTAQUE E COLE AS IMAGENS DA FICHA 99 NA PISTA A SEGUIR DA MANEIRA QUE DESEJAR.

VAMOS FAZER UM TREM?

VOCÊ CONHECE O TREM DE FERRO?
CONTINUE PINTANDO UM VAGÃO DE **LARANJA** E OUTRO DE **AZUL**.

O TREM DE FERRO
O TREM DE FERRO
QUANDO SAI DE PERNAMBUCO
VAI FAZENDO TCHUCO TCHUCO
ATÉ CHEGAR NO CEARÁ. [...]

CANTIGA.

OUÇA A HISTÓRIA DA FAMÍLIA DE COELHINHOS.
POR QUAL CAMINHO OS COELHOS CONSEGUEM CHEGAR À TOCA SEM PASSAR POR NENHUM PREDADOR? PINTE-O COM TINTA GUACHE E PINCEL.

ERA UMA VEZ UMA FAMÍLIA DE COELHINHOS. TODOS OS DIAS, ELES SAÍAM DA TOCA PARA PROCURAR COMIDA. MAS UM DIA, DE REPENTE, APARECEU UMA RAPOSA! OS COELHINHOS CORRERAM PARA A TOCA!

DEPOIS QUE A RAPOSA FOI EMBORA, OS COELHINHOS PUDERAM SAIR DE NOVO. LÁ ESTAVAM ELES ANDANDO PELA FLORESTA QUANDO, DE REPENTE, APARECEU UMA ONÇA! E DE NOVO ELES CORRERAM PARA A TOCA!

TEXTO ESCRITO ESPECIALMENTE PARA ESTA OBRA.

VAMOS CONHECER O RICARDO?
DESTAQUE AS PARTES DO CORPO DELE DA FICHA 100, MONTE-AS E COLE-AS AQUI.

CABEÇA, OMBRO, PERNA E PÉ
CABEÇA, OMBRO, PERNA E PÉ
PERNA E PÉ
CABEÇA, OMBRO, PERNA E PÉ
PERNA E PÉ
OLHOS, ORELHAS, BOCA E NARIZ
CABEÇA, OMBRO, PERNA E PÉ
PERNA E PÉ

CANTIGA.

RICARDO FOI AO MERCADO COM O PAI.
PINTE-OS E DESENHE UMA FORMIGA ANDANDO NO CORPO DE RICARDO E OUTRA NO CORPO DO PAI DELE.

FORMIGUINHA

FUI AO MERCADO COMPRAR CAFÉ,
VEIO A FORMIGUINHA E SUBIU NO MEU PÉ.
EU SACUDI, SACUDI, SACUDI,
MAS A FORMIGUINHA NÃO PARAVA DE SUBIR.

FUI AO MERCADO COMPRAR BATATA-ROXA,
VEIO A FORMIGUINHA E SUBIU NA MINHA COXA.
EU SACUDI, SACUDI, SACUDI,
MAS A FORMIGUINHA NÃO PARAVA DE SUBIR. [...]

FUI AO MERCADO COMPRAR MAMÃO,
VEIO A FORMIGUINHA E SUBIU NA MINHA MÃO.
EU SACUDI, SACUDI, SACUDI,
MAS A FORMIGUINHA NÃO PARAVA DE SUBIR.

CANTIGA.

ESTA É ANA, AMIGUINHA DE RICARDO.
PINTE QUEM ESTÁ NA POSIÇÃO CORRETA, DE ACORDO COM A CANTIGA, E CIRCULE QUEM NÃO ESTÁ.

SAI, PIABA

SAI, SAI, SAI, Ô PIABA,
SAIA DA LAGOA.
SAI, SAI, SAI, Ô PIABA,
SAIA DA LAGOA.
PÕE A MÃO NA CABEÇA,
A OUTRA NA CINTURA,
DÁ UM REMELEXO NO CORPO
E UMA UMBIGADA NO OUTRO.

CANTIGA.

SERÁ QUE A PIABA CHEIRA BEM?

FAÇA UM **X** NA PARTE DO CORPO QUE ANA USOU PARA SENTIR O CHEIRO DA PIABA. DEPOIS, COMPLETE O TRACEJADO DO PEIXE E PINTE-O.

PINTE SOMENTE O QUE TEM CHEIRO BOM.

FUI PASSAR NA PINGUELINHA, CHINELINHO CAIU DO PÉ. OS PEIXINHOS RECLAMARAM: QUE CHEIRINHO DE CHULÉ!

PARLENDA.

RENATA AMA O CHEIRO DAS FLORES.
MOLHE SEU DEDO NA TINTA E FAÇA AS PÉTALAS DAS FLORES.

NO JARDIM COM TANTAS FLORES,
NÃO SEI QUAL ESCOLHEREI.
AQUELA QUE FOR MAIS BELA,
COM ELA ME ABRAÇAREI.

PARLENDA.

RENATA REGA AS FLORES E OBSERVA AS ABELHAS DO JARDIM.
ENCONTRE TRÊS ABELHAS ESCONDIDAS E CIRCULE A PARTE DO CORPO QUE RENATA USOU PARA VÊ-LAS.

RENATA COLHEU UMA FLOR E PRECISA COLOCÁ-LA EM UM VASO FINO E COMPRIDO. MARQUE ESSE VASO COM **X** E FAÇA UMA FLOR NELE COLANDO PAPEL E FORMINHA DE DOCE.

ROSEIRA

A MÃO DIREITA TEM UMA ROSEIRA
QUE DÁ FLOR NA PRIMAVERA.
ENTRAI NA RODA, OH LINDA ROSEIRA,
E ABRAÇAI A MAIS FACEIRA.
A MAIS FACEIRA EU NÃO ABRAÇO,
ABRAÇO A BOA COMPANHEIRA.

CANTIGA.

ESTE É O MIGUEL, PRIMO DA RENATA. ELE GOSTA MUITO DE FRUTAS. E VOCÊ?
PINTE AS FRUTAS DE QUE VOCÊ MAIS GOSTA.

DE ABÓBORA FAZ MELÃO
DE ABÓBORA FAZ MELÃO,
DE MELÃO FAZ MELANCIA.
FAZ DOCE, SINHÁ!
FAZ DOCE, SINHÁ!
FAZ DOCE, TODO DIA!
OSQUINDÔ LÊ LÊ, OSQUINDÔ LÊ LÊ LÁ LÁ
OSQUINDÔ LÊ, LÊ, NÃO SOU EU QUE CAIO LÁ.

CANTIGA.

A AVÓ DO MIGUEL ESTÁ FAZENDO PIPOCA.
PINTE A PARTE DO CORPO QUE ELE USOU PARA OUVIR A PIPOCA ESTOURANDO.

PIPOCA

UMA PIPOCA ESTOURANDO NA PANELA
OUTRA PIPOCA COMEÇOU A RESPONDER
E ERA UM TAL DE PO-PLOC, PLOC, PLOC
E NINGUÉM MAIS CONSEGUIA SE ENTENDER
E ERA UM TAL DE PO-PLOC, PLOC, PLOC
PO-PLOC, PLOC, PLOC
PO-PLOC, PLOC, PLOC

CANTIGA ESCOTEIRA.

VAMOS FAZER BARULHO COM MILHO DE PIPOCA?
COLE GRÃOS DE MILHO E AJUDE MIGUEL A FAZER UM CHOCALHO.

MIGUEL AMA PIPOCA.
COLE UMA BOLINHA DE PAPEL CREPOM **VERMELHO** NA PARTE DO CORPO QUE USAMOS PARA SENTIR O SABOR DOS ALIMENTOS. DEPOIS, COLE BOLINHAS DE PAPEL **AMARELO** NO BALDE DE PIPOCA.

QUAL É O SABOR?
DESTAQUE OS ALIMENTOS DA FICHA 96 E COLE-OS DE ACORDO COM O SABOR QUE ELES TÊM.

DOCE

SALGADO

AMARGO

AZEDO

ESTE É GUILHERME, VIZINHO DE MIGUEL.
ELE NÃO ESPEROU O BOLO ESFRIAR E QUEIMOU A MÃO. CIRCULE DE
LARANJA O DEDO FURA-BOLO DELE.

DEDO MINDINHO,
SEU VIZINHO,
PAI DE TODOS,
FURA-BOLO,
MATA-PIOLHO.

PARLENDA.

VAMOS PINTAR COM AS MÃOS?
PASSE TINTA NA PALMA DE SUA MÃO E EM SEUS DEDOS E CARIMBE ESTA FOLHA.

O QUE É, O QUE É?
DUAS IRMÃS DA MESMA IDADE,
MAS COM DIFERENTES HABILIDADES.

ADIVINHA.

NÃO SÓ AS MÃOS, MAS TODA A PELE DE NOSSO CORPO PODE TER SENSAÇÕES COMO FRIO E CALOR. PINTE A PELE DE GUILHERME E AS ROUPAS QUE VÃO PROTEGÊ-LO DO FRIO.

VAMOS MONTAR UM QUEBRA-CABEÇA DO CORPO HUMANO?
SIGA AS INSTRUÇÕES DO PROFESSOR PARA MONTAR O QUEBRA-CABEÇA. DEPOIS, COLE UMA FOTOGRAFIA QUE MOSTRE VOCÊ FAZENDO A ATIVIDADE.

OUÇA O TRECHO DA HISTÓRIA DE CHAPEUZINHO VERMELHO.
DEPOIS, DESTAQUE AS FIGURAS DA FICHA 96 E COLE AS
PARTES DO ROSTO DO LOBO MAU.

– VOVÓ, POR QUE ESSES OLHOS TÃO GRANDES?
– PARA TE VER MELHOR.
– E POR QUE ESSE NARIZ TÃO GRANDE?
– PARA TE CHEIRAR MELHOR.
– E POR QUE ESSA BOCA TÃO GRANDE?
– É PARA TE COMER!

TRECHO RECONTADO ESPECIALMENTE
PARA ESTA OBRA.

OUÇA A CANTIGA E PINTE A CENA QUE MOSTRA O QUE ACONTECE NELA.

LAVAR AS MÃOS

SAI A ÁGUA DA TORNEIRA,
FAZ ESPUMA COM SABÃO.
PARA COMER A COMIDINHA
VOU LAVAR AS MINHAS MÃOS.

CANTIGA.

CARNAVAL

ENFEITE A MÁSCARA DE CARNAVAL. DEPOIS, RECORTE-A E SIGA AS ORIENTAÇÕES DO PROFESSOR.

PÁSCOA

AJUDE O COELHO A CHEGAR ATÉ A CESTA DE OVOS DE PÁSCOA. DEPOIS, PINTE A CENA.

COELHINHO

DE OLHOS VERMELHOS,
DE PELO BRANQUINHO,
DE ORELHAS BEM GRANDES,
EU SOU O COELHINHO. [...]
EU PULO PRA FRENTE
EU PULO PRA TRÁS
DOU MIL CAMBALHOTAS
SOU FORTE DEMAIS.
COMI UMA CENOURA
COM CASCA E TUDO
TÃO GRANDE ELA ERA...
FIQUEI BARRIGUDO.

CANTIGA.

DIA NACIONAL DO LIVRO INFANTIL – 18 DE ABRIL

VAMOS FAZER UM LIVRO COLETIVO?

CRIE UM DESENHO BEM BONITO NO QUADRO ABAIXO E RECORTE-O PARA QUE FAÇA PARTE DO LIVRO DA TURMA.

DIA DO ÍNDIO – 19 DE ABRIL

VOCÊ SABIA QUE O **CABO DE FORÇA** É UM JOGO TRADICIONAL DE DIVERSAS ETNIAS INDÍGENAS? COLE BARBANTE EM CIMA DA CORDA. DEPOIS, DESENHE VOCÊ NO TIME QUE TEM MENOS INTEGRANTES.

DIA DAS MÃES – SEGUNDO DOMINGO DE MAIO

A MAMÃE MERECE TODO NOSSO AMOR E CARINHO. QUE TAL FAZER UM CARTÃO BEM BONITO PARA ELA OU PARA A PESSOA QUE CUIDA DE VOCÊ?

COM CARINHO LHE DOU
NESTA HORA DOIS ABRAÇOS
O PRIMEIRO É UM BUQUÊ
CHEIO DE FLORES E LAÇOS
O SEGUNDO ME DIRÁ
PRA SEGUIR SEMPRE SEUS PASSOS.

CÉSAR OBEID. *CRIANÇA POETA – QUADRAS,
CORDÉIS E LIMERIQUES.* SÃO PAULO:
EDITORA DO BRASIL, 2018. P. 26.

FELIZ DIA DAS MÃES

DIA DO MEIO AMBIENTE – 5 DE JUNHO

EM QUAL IMAGEM O MEIO AMBIENTE É RESPEITADO? PINTE-A.

E OLHA! NEM IMPORTA SE O JARDIM É DE PRAÇA, QUINTAL OU DE SACADA DE APARTAMENTO... TODOS TÊM O SEU MOMENTO!

ELLEN PESTILI. HORTA, POMAR E JARDIM, BRINCADEIRA NÃO TEM FIM. SÃO PAULO: EDITORA DO BRASIL, 2016. P. 22 E 23.

FESTAS JUNINAS

VAMOS DANÇAR QUADRILHA?
PINTE O CASAL CAIPIRA, RECORTE-OS E DANCE COM ELES.

DIA DOS PAIS – SEGUNDO DOMINGO DE AGOSTO

O PAPAI MERECE TODO NOSSO AMOR E CARINHO. VAMOS FAZER UM CARTÃO BEM BONITO PARA ELE OU PARA A PESSOA QUE CUIDA DE VOCÊ?

DIA DO FOLCLORE – 22 DE AGOSTO

DIZ A LENDA QUE O CURUPIRA É O PROTETOR DAS FLORESTAS.
CIRCULE AS SITUAÇÕES QUE PRECISAM DA AJUDA DELE.

A FLORESTA ELE PROTEGE
E SALVA OS ANIMAIS.
CURUPIRA É O NOME DELE,
O MENINO COM OS PÉS PRA TRÁS.

TEXTO ESCRITO ESPECIALMENTE PARA ESTA OBRA.

DIA DA INDEPENDÊNCIA DO BRASIL – 7 DE SETEMBRO

O QUE VOCÊ MAIS AMA EM NOSSA PÁTRIA?

PROCURE EM REVISTAS IMAGENS QUE REPRESENTEM O QUE VOCÊ MAIS GOSTA NO BRASIL.

[...]
TERRA ADORADA!
ENTRE OUTRAS MIL, ÉS TU, BRASIL,
Ó PÁTRIA AMADA!
DOS FILHOS DESTE SOLO ÉS MÃE GENTIL
PÁTRIA AMADA, BRASIL!

TRECHO DO HINO NACIONAL DO BRASIL. LETRA DE
JOAQUIM OSÓRIO DUQUE ESTRADA, 1831.

DIA DA ÁRVORE – 21 DE SETEMBRO

COLE FOLHAS SECAS NESTA ÁRVORE.

DIA INTERNACIONAL DO IDOSO – 1º DE OUTUBRO

PINTE A CENA E CIRCULE OS IDOSOS DESTA FAMÍLIA.

DIA DA CRIANÇA – 12 DE OUTUBRO

É DIA DE BRINCAR!
ENCONTRE CINCO DIFERENÇAS ENTRE AS IMAGENS E CIRCULE-AS.

DIA DO PROFESSOR – 15 DE OUTUBRO

ELES TAMBÉM MERECEM SEU CARINHO!
DESENHE SUA PROFESSORA OU SEU PROFESSOR.

PROFESSORA
NA ESCOLA SORRINDO EU APRENDO
OS MAPAS, AS DATAS, ENTENDO
TUDO ME MOTIVA
ISSO É A PROVA VIVA
DE QUE EU ESTOU SEMPRE CRESCENDO.

CÉSAR OBEID. **CRIANÇA POETA – QUADRAS, CORDÉIS E LIMERIQUES.** SÃO PAULO: EDITORA DO BRASIL, 2018. P. 11.

DIA DA CONSCIÊNCIA NEGRA – 20 DE NOVEMBRO

VAMOS JOGAR **TERRA-MAR**, UMA BRINCADEIRA DE MOÇAMBIQUE?
DESENHE UMA CRIANÇA NA TERRA E OUTRA NO MAR.

DATAS COMEMORATIVAS

NATAL

VAMOS ENFEITAR A ÁRVORE DE NATAL?
USE ALGODÃO, TINTA GUACHE,
LANTEJOULAS E DEIXE-A BEM BONITA!

ENCARTES DA FICHA 3

ENCARTES DA FICHA 31

ENCARTES DA FICHA 21

Imagens: Dotta

ENCARTE DA FICHA 25

ENCARTES DA FICHA 37

ENCARTES DA FICHA 45

ENCARTES DA FICHA 49

ENCARTES DA FICHA 70

ENCARTES DA FICHA 75

ENCARTES DA FICHA 6

9dreamstudio/Dreamstime.com

Gap Romania/Shutterstock.com

9dreamstudio/Dreamstime.com

rimglow/iStockphoto.com

nevodka/Shutterstock.com

GutoSantos/iStockphoto.com

ENCARTES DA FICHA 24

Food Travel Stockforlife/Shutterstock.com

ENCARTES DA FICHA 18

ENCARTES DA FICHA 34

ENCARTES DA FICHA 54

ENCARTES DA FICHA 58

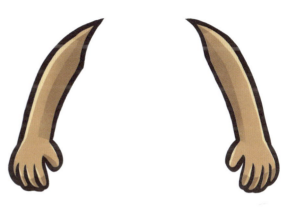
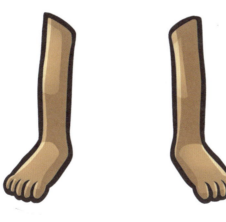